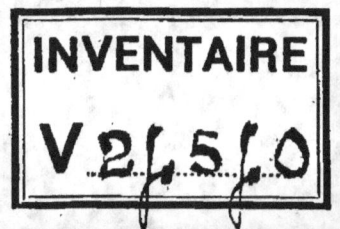

an X. 15 fructidor

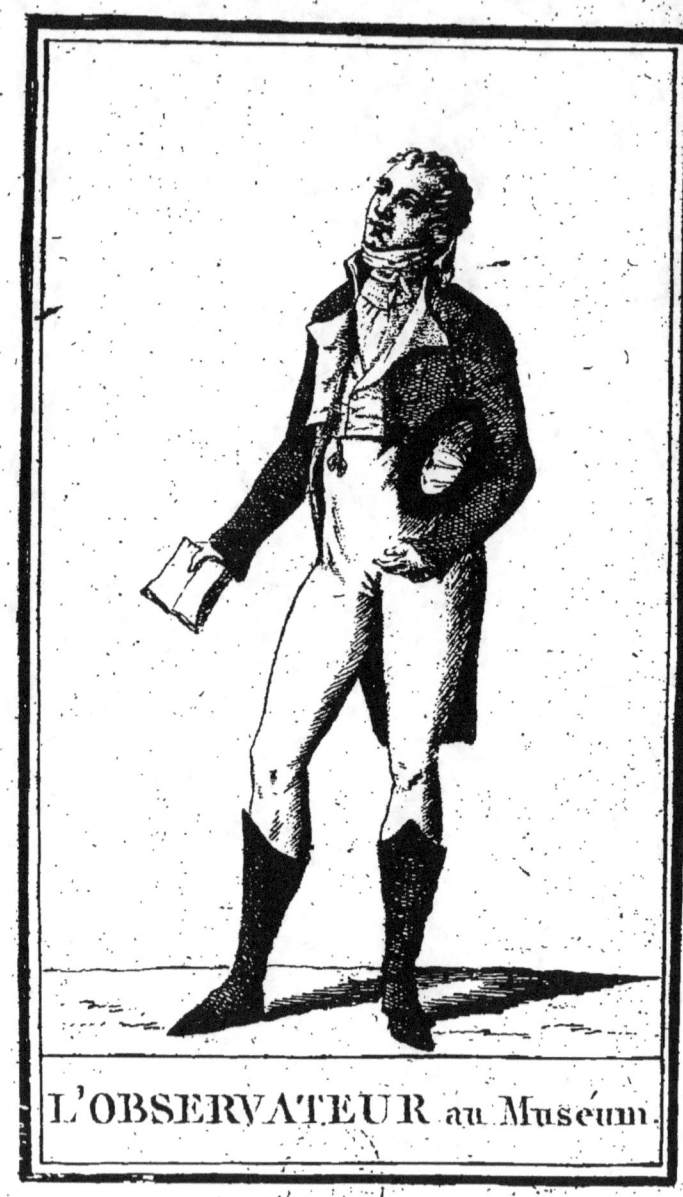

L'OBSERVATEUR au Museum

L'OBSERVATEUR

AU MUSÉUM,

O U

LA CRITIQUE DES TABLEAUX

EN VAUDEVILLE.

INTRODUCTION.

Air: *d'Hyppolite*.

Je suis de retour au sallon,
Muni toujours de ma lorgnette:
Divins favoris d'Apollon,
Votre moisson de gloire est faite:
S'il m'échappe un mot de gaîté,
Je repousserai la satire:
La décence et la vérité
Ne défendent jamais de rire.   (bis.)

Air: *Je suis un pauvre Maréchal*

Les peintres comme les auteurs,
Ont à redouter les censeurs:
C'est ainsi que l'on encourage
Les chefs d'œuvres et les essais.
La satire est le mal français;
Moi j'ai l'indulgence en partage:
          Ces accès
          Au succès
          Font souvent
          Grand dommage.
Critiquons sans fiel un ouvrage.

L'OBSERVATEUR

AU MUSÉUM,

OU

LA CRITIQUE DES TABLEAUX

EN VAUDEVILLE.

La Critique licencieuse est un Libelle.

C'EST toujours avec vénération que j'entre dans ce local ; mais j'ose cependant croire que tout n'y est pas chef-d'œuvre; car j'entends beaucoup de personnes se plaindre de ce que les artistes semblent se ralentir. Pour en mieux juger, je veux tenir une petite note des remarques qui se font autour de moi ; et, pour me conformer au goût du temps, je les traduirai dans la langue du Vaudeville.

Air : *Femmes voulez-vous éprouver.*

A Paris avec des couplets ;
Partout on est certain de plaire :
Le chant étouffe les sifflets ,
Et termine plus d'une affaire.
Des chansons et des entre-chats
Font oublier l'Europe entière ;
Ce qui tout haut ne se dit pas ,
En couplet , n'est plus téméraire.

Mme. AUZOU, *Élève du cit. Regnault.*

6. Deux jeunes filles lisant une lettre.

Têtes charmantes pour le dessein et l'opposition adroitement ménagée, exécution large et facile.

Air : *Pourriez-vous bien douter encore.*

La lecture qui vous occupe
Vous inspire un grand intérêt ;
Nymphes, je n'en suis pas la dupe,
D'un amant c'est l'aveu discret ;
L'une épie chez son amie
Le doux effet du sentiment ;
L'autre calme, mais attendrie,
Reçoit les vœux de son amant.

Air : *Il faut des Epoux assortis.*

Aimable artiste, vos pinceaux
Rendent savamment la nature ;
Vous répandez dans vos tableaux
Une gracieuse imposture :
Je me borne au couple charmant
Dont j'ai tant de choses à dire ;
Mais on en pourrait dire autant
De la sensible Thélaïre (*).

Mlle. BOUNIEU, *Élève de son Père.*

34. Psyché, prête à sortir du souterrein infernal, ouvre la boëte de fard de Proserpine ; il en sort une fumée noire et fuligineuse.

Tableau charmant pour l'effet : la magie de la couleur prouve que cette artiste est la digne heritière des talens de son père.

Air : *Ce fut par la faute du sort.*

Profanes, devant ce tableau
Prosternez-vous dans le silence ;

(*) Autre tableau de Mde. Auzou.

Bounieu sut le faire si beau,
Que le louer est imprudence.
Jouissons de l'aspect flatteur
Que présente un si bel ouvrage,
Et plaignons le triste censeur
Que Psyché ne rend pas plus sage.

Mlle. CAPET, *Élève de Mme. Vincent, ci-devant Guyard.*

44. Le portrait en pastel du cit. Palliere, peintre.

Cette tête est d'une excellente exécution, d'une belle couleur et d'une touche large et facile ; il ne peut que faire beaucoup d'honneur à l'aimable artiste.

Air: *Il faut avoir du bien pour deux.*

D'honneur, j'ai l'ame mécontente
D'avoir tant à préconiser ;
Je m'étais bercé dans l'attente
De venir tout satiriser :
Il faut pourtant que je déroge
A ce projet de pointiller ;
Tout retentit de votre éloge,
Et je le ferai le premier.

CHANDEPIÉ-BOIVIERS, né à Jersey, *Élève du cit David.*

56. Un portrait de Femme tenant son fils sur ses genoux et s'appuyant sur un chien-de-chasse.

Belle exécution et vérité agréable.

Air : *C'est ce qui me désole.*

La mère, le fils et le chien,
Dans ce portrait-ci tout est bien,
C'est ce qui me désole ;   (bis)

Mais un aveugle du bon ton
Dit que rien ne lui paraît bon,
    C'est ce qui me console.   (bis.)

Demain (le malheur est commun),
Il sera jusqu'au soir à jeun,
    C'est ce qui me désole ;   (bis)
Mais, critique pour un écu,
Son appétit sera vaincu,
    C'est ce qui me console.   (bis.)

Mme. CHÉZY-QUÉVANNE, *Élève du cit. Bounieu.*

60. Portrait de famille.

Beaucoup de vérité dans l'ensemble des figures ; la tête du mari touche trop au haut du treillage, ce qui fait un mauvais effet ; les tourtereaux du fond son absolument inutiles, car ils sont trop mal dessinés et encore plus mal peints.

Air : *J'ai vu par-tout dans mes voyages.*

Haussez donc un peu cette treille,
Ou faites moins grand le papa ;
Du reste tout est à merveille,
Sans les tourtereaux que voilà :
Mais dans l'ensemble de l'ouvrage,
On reconnoît le vrai talent.
Si je n'en dis pas davantage,
C'est que ce travail est parlant.

LA MÊME.

61. Portrait de Nanette Stoker, grandeur naturelle.

Exécution mesquinement fidelle.

Air : *Tous les bourgeois de Chârtres.*

Toujours votre palette,
A de quoi plaire aux yeux ;

Pourtant votre Nanette
Peut, dit-on, être mieux :
En voyant le portrait, on dit bien que c'est elle,
Mais qu'un portrait, pour être beau
Ne doit jamais être un tableau
Mesquinement fidelle.

Mme. DABOS, *Élève de Mme. Vincent, ci-devant Guyard.*

63. Une petite fille se cachant derrière un rideau transparent.

Ciel, fond, chair, draperie, tout gris comme de la cendre.

Air : d'Arlequin Afficheur.

Je la vois malgré le rideau,
D'habits, de figure elle est grise ;
Gris est le fond de ce tableau,
Gris est le ciel à ma surprise.
Je ne puis blâmer le dessin,
Ni les traits qui sont des plus tendres,
Mais on dit que, quoique bien peint,
C'est le tableau du jour des cendres.

DABOS (Laurent), *Élève du cit. Vincent.*

65. Une jeune dame surprise par un orage.

Attitude intéressante, sécheresse dans la draperie, couleur trop grise, mauvais ciel.

Air : Il pleut, il pleut, bergère.

Il pleut, il pleut, bergère,
Mais ne t'en fâche pas ;
Ta démarche légère
Fait briller tes appas :
Le vent qui te lutine
Favorise nos vœux,
Et plus il se mutine
Plus il *nous rend* heureux.

A 4

Mais répondez-moi seulement.

Air : *Où allez-vous, M. l'Abbé ?*

Une Glaneuse, l'an dernier
Fit courir Paris tout entier ;
J'en reconnois, je pense,
Eh bien,
Une réminiscence,
Vous m'entendez bien :

Mlle. DELAPORTE, *Elève du c. Regnault.*

71. Portrait du cit. Lafond, dans le costume de Tancrède, répétant son rôle dans sa loge.

Ce portrait fait honneur pour la ressemblance, le coloris et l'exécution.

Air de la pipe de tabac.

Aléxandre eût pour peintre Apelle,
Tous deux ont l'immortalité ;
De la Porte avec son modèle,
Iront à la postérité ;　　　　(Bis.)
Tous deux formeront une école,
L'une y peindra par les couleurs,
L'autre peindra par la parole ;
Tous deux maîtriseront les cœurs.

DUCQ (Joseph François), *Elève du cit. Suvée.*

91. Un tableau de famille.

Composition heureuse, bon effet ; coloris agréable ; la figure antique du fond est trop brillante.

Air de Joconde.

Je veux draper sans nul égard,
Ce tableau de famille ;

La nature en cache trop l'art
Et trop d'aisance y brille ;
Le coloris, trop vrai, trop beau,
Embellit l'ordonnance ;
Enfin, dans ce maudit tableau,
Je vois trop d'élégance.

DUFAUD, né à St.-Domingue, *Élève a cit. David.*

92. Le portrait du fils du Général ★ ★ ★

Belle couleur, effet vigoureux qui rappelle les Wandik et les Grimoux.

Air du pas de charge.

Heureux jeune-homme, enfant de Mars,
Ta gloire est immortelle,
Ton nom triomphe des hasards,
Sous le pinceau d'Apelle ;
Il a su lire dans ton cœur,
Et sa main toujours sûre,
Caractérise la valeur
Sur ta jeune figure.

FLEURY (Claude Antoine), *Élève du cit. Regnault.*

101. Un enfant jouant avec un chien.

La tête de l'enfant est charmante ; le chien qui n'est pas dessiné bien correctement, lèche le bras de l'enfant comme pour l'appaiser.

Air : Jeunes amans, cueillez des fleurs.

Pour peindre un enfant si joli,
Où l'artiste eût-il le modèle ?
Il faut que l'Amour à Fleury,
Ait prêté sa tête et son zèle ;
Le chien prête à la vérité,
A la critique d'un Zoïle,
Mais Zoïle est trop dégouté,
Pour un défaut aussi futile.

GARNIER (Etienne Barthelemy).

107. Un jeune enfant présente des grains
     à des oiseaux,

Les formes du bras de l'enfant sont un
peu trop caractérisées, ainsi que la tête qui
n'a pas assez de mignardise pour son âge ;
une bonne couleur et un bon effet rachètent
ces défauts qui pourront disparaître au gré
de l'artiste.

Air ; *Des Trembleurs.*

On peut sans être sévère,
Indiscret ni téméraire,
Demander le baptistère
Du jeune enfant que voilà ;
La taille indique assez l'âge,
Mais ses bras et son visage
Disent qu'il a davantage
Qu'on ne croit à le voir là.

Mais consolez-vous , Monsieur.

Air : *L'Amour est un enfant trompeur.*

L'Amour est un enfant trompeur
    Qui duperait son père ;
Votre pinceau docte et flatteur
    Fut dupe du mystère ;
C'est lui qu'on voit en ce tableau,
Et vous trempâtes le pinceau
    Dans le fard de sa mère.

GAUTIER (Rodolphe), *de Genève.*

111. Le combat du pont de la Chiusella,
     entre Ivrée et Turin, où le général
     Lasne, commandant l'avant-garde de
     l'armée de réserve, battit les autri-
     chiens, commandés par le général
     Palfi ; site d'après nature.

Ce tableau généralement harmonieux par son coloris et son effet nous retrace avec vérité une de nos plus glorieuses victoires.

Air : *Du Petit Matelot.*

Que louer en cette peinture,
Ou du sujet, ou du talent ?
Aucun critique ne murmure ;
C'est un prodige assurément :
Un louche muni des lunettes
Que l'on vend à deux pas d'ici,
Croit avoir les prunelles nettes,
Et ne voit pas ces beautés-ci.

Mlle. GERARD.

113 Une jeune femme allaite son enfant.

Tableau d'une grande vérité ; une exécution large, un pinceau moëlleux, distinguent ce joli tableau et le font sortir avantageusement.

Air : *Du haut en bas.*

Du haut en bas,
Ce tableau ravissant m'enchante ;
Du haut en bas,
Cette nourrice a des appas ;
L'artiste qui nous la présente
Ne peut manquer d'être charmante,
Du haut en bas.

GRANDIN (Jacques Louis Michel), *Élève du cit. David.*

119. Un tableau représentant des bergers vêtus à l'antique et disputant le prix du chant, ayant prit pour juge une jeune fille.

La figure de la fille n'est pas assez capitale et ne paraît pas prendre assez d'intérêt à l'évènement. Les figures sont bien dessinées ; mais les ombres sont trop larges : les gazons sont d'un verd trop crud.

Air : *O ma tendre Musette.*

Ces bergers à l'antique,
Sont fort jolis garçons,
Mais me dit un critique,
Comment peindre les sons ?
Et la jeune bergère
Juge de leurs accens,
A quelqu'autre mystère,
Semble prêter ses sens.

GROHAIN, *Élève de feu Watteau.*

120. Enée, déterminant son père Anchise à quitter sa patrie pour se sauver en Italie, au moment de l'embrâsement de Troyes.

Dessin en papier gris à la plume rehaussé de blanc. Figures gigantesques, style maniéré et sans effet.

Air : *Je t'aime tant.*

J'aurois voulu pouvoir jouer
Pour vous le rôle d'optimiste ;
Mais me convient-il de louer
Les défauts même d'un Artiste ?
Je n'ai vu, dans votre dessin,
Qu'un désir mal servi de plaire ;
Est-ce la faute du destin ?
Et parviendrez-vous à bien faire ?

Mlle. GUILLEMARD (Sophie), *Élève du cit. Regnault.*

122. Alcibiade et Glicerion.

J'en suis fâché pour vous, Mademoiselle ; mais votre tableau est pauvre de style et d'une exécution peinée : on voit bien que vous n'aimez pas votre sexe, car vous maltraitez bien la pauvre Glicerion.

Air : *J'ai vu Lise hier au soir.*

J'ai vu ce vaste tableau
   Où tout est de glace;
Pourtant le jeune homme est beau,
   Mais il est sans grace ;
La froide Glicérion,
Sans appas , sans passion ,
Avec ou sans cotillon ,
   N'a rien qui m'agace.

Cependant, en changeant le titre du tableau, il pourra ressembler à quelque chose.

IMBAULT, *Elève des Cit. Vincent et Vestier.*

138. Un groupe de raisin et chasselas suspendu à un clou sur du marbre blanc peint.

Le raisin est trop lourd de ton, ainsi que le chasselas, ce qui rend le fond trop brillant.

Mlle. LE GRAND (Jenny), *Elève du Cit. Leroy de Liancourt.*

180. Une petite fille occupée à lire les fables d'Esope.

De la vérité dans la tête, mauvais bras, exécution molle, mauvais coloris.

Air : *Il n'est qu'un pas du mal au bien.*

L'étude pourra ranimer
Votre veine trop faible encore ;
Un talent qu'on doit estimer,
Malgré vos défauts vous décore :
Il n'est qu'un pas du mal au bien,
Quand on a le goût pour soutien.

LE JEUNE, *Capitaine de Génie, Elève du Cit. Valenciennes.*

182. La bataille de Maringo.

Ce tableau, d'un bel effet et d'une belle entente de couleurs, nous rappelle la plus brillante de nos conquêtes.

Air : *Fidèle époux, franc militaire.*

Peintre des dieux, ce n'est qu'Homère
Qui peut célébrer tes travaux ;
Ne me crois pas si téméraire,
Que j'ose employer mes pipaux ;
A tes travaux je rends l'hommage
Qu'on rend à l'image des dieux ;
Et le héros de ton ouvrage
Est trop grand pour être loin d'eux.

Mlle. LEMOINE (Marie-Victoire), *Elève du Cit. Ménageot.*

185. Une jeune personne faisant un fromage.

Le blanc domine trop dans les chairs, et les fait confondre avec le linge des manches, le reflet de la tête est un peu trop clair.

Air : *Vous m'ordonnez de la brûler.*

Elle est Hébé pour la fraîcheur,
En la voyant on l'aime ;
Et rien n'égale sa blancheur,
Si ce n'est son lait même :
Si du tableau j'étais l'auteur,
A cette aimable vue,
Il égalerait dans mon cœur
La célèbre statue.

LA MÊME.

186. Le portrait de madame G*** avec sa fille.

La figure est courte d'ensemble ; la petite

fille , toute jolie qu'elle est , lève trop la jambe , et n'a pas l'air de courir, parce que le pied gauche pose trop sur la terre : cependant le tableau est généralement bien composé , d'un bon effet , et d'une couleur agréable.

Air : *On dit que dans le mariage.*

Est-ce l'enfant, est-ce la mère,
Qui flatte le plus les regards ?
Serait-ce la touche légère
Et l'effet magique de l'art ?
Pour moi de l'aimable modèle
J'admire les traits tour-à-tour,
Ainsi que le pinceau fidèle
Que semble avoir guidé l'amour.

LEROY, (Joseph), *Elève de Suvée.*

192. Portrait d'une dame tenant son enfant sur ses genoux.

Tableau d'un bon dessin , d'une composition agréable, coloris trop gris, ombre trop noire, notamment celle du bras de la femme; exécution trop molle.

LESPINAY, *Elève du Cit. Vestier.*

193. Un garçon raffineur de sucre et une servante de la ville de Hambourg , allant se promener.

Le ciel est beaucoup trop noir, et trop encore pour exciter à la promenade ; beaucoup de vérité dans les figures.

Air : *La plus belle promenade.*

Le temps semble être à l'orage,
Couple heureux , où courez-vous ?
Voyez-vous ce noir nuage :

Le ciel est-il en courroux ?
Il est vrai qu'on se promène
Par la pluie avec plaisir
Quand la beauté prend la peine
D'autoriser le désir.

LE MÊME.

194. Une servante de la même ville allant
à la provision, et à qui un garçon boucher dit adieu.

Le tablier blanc de la servante trop égal
de ton, ainsi que le gilet rouge du garçon
boucher; ce qui lui rend le dos plat.

Mme. MONGEZ, née Angélique LEVOL,
Élève des Cit. Regnault et David.

207. Astyanax arraché à sa mère.

Ulysse, vu par le dos, n'a pas assez de
noblesse; le soldat qui tient l'épée nue n'a
point d'énergie; la figure d'Andromaque est
belle et pleine d'expressions : on ne peut
que recommander à l'aimable artiste plus de
précision dans l'expression et dans l'exécution.

Air : *La Comédie est un miroir.*

Ce soldat qui semble trembler,
Au lieu de frapper sa victime,
A la mine de ressembler
A l'ennemi juré du crime :
Ulysse aussi, dit-on, n'a pas
L'air noble qu'aux grands on suppose;
C'est que quand le projet est bas,
Le maintien se sent de la chose.

Voyez Andromaque aux abois !
N'est-elle pas dans la nature ?
Autour d'elle ce que je vois

Ne peut avoir d'autre posture :
Aimable Artiste , vos talents
Ne sont pas à l'abri du blâme ;
Mais vos succès seront brillants ;
Ils ont leur source dans votre âme.

FLEURY (Richard), *Elève de David.*

243. Valentine de Milan pleurant son époux assassiné , en 1407 , par Jean , duc de Bourgogne.

Effet piquant , belle couleur ; rien n'est négligé dans ce précieux tableau , qui est le triomphe de l'amour conjugal.

Air : *De la Soirée orageuse.*

Cœurs tendres , amateurs du beau ,
Venez pleurer sur cette histoire ,
Venez admirer un tableau ,
Dont la France tirera gloire.
Un jour nos arrières-neveux
Le citeront comme un modèle ;
Comme Valentine , à nos yeux ,
Est celui de l'amour fidèle.

RIÉSENER.

244. Un homme assis dans un fauteuil devant sa cheminée , et fumant une pipe de tabac.

Ce portrait est d'un ton vrai , excepté les mains qui sont un peu trop blanches ; le tapis est parfaitement rendu , ainsi que tous les accessoires.

LEFÈVRE (Robert), *Elève du Citoyen Regnault.*

247. Portrait d'un amateur.

Beaucoup de vérité, une exécution facile
et vigoureuse caractérise ce beau portrait.

Air : Non, vous n'avez pas la parole.

Ce portrait fait autant d'honneur
A l'artiste qu'à son modèle,
L'enthousiasme créateur
De l'un et de l'autre s'y décèle.
Pour moi, je vois que l'amateur
Des arts a fréquenté l'école,
Et que si l'artiste eût voulu,
Sans se gêner, il aurait pu
Donner au Portrait (Bis) la parole.

LE MÊME.

248. Portrait d'une dame tenant un livre de
croquis et un porte-crayon.

La tête, trop haute de beaucoup, se
détache avec sécheresse sur son fond ; la
robe est d'un blanc trop égal de ton ; le schal
gris, les oreillers et le canapé sont mieux
rendus que la figure.

Air : Ah ! vous dirai-je, Maman.

Vous dirai-je franchement,
Quel est mon vrai sentiment ?
A vous le dire, il m'en coûte,
Cet ouvrage sent la croûte ;
Allez auprès d'Ysabey,
Renouveller votre essay.

ROSSET L'ECOURVILLE A. F. C.

257. L'entrevue de Télémaque et de Péné-
lope à Itaque.

Style beau et noble dans les deux prin-
cipales figures ; les autres sont trop négligées.

Air du vaudeville des Visitandines.

J'avais le projet de me taire
Sur le compte de ce tableau,

Mais, je n'en ferai pas mystère,
Télémaque m'a paru beau,   (Bis.)
Je remarque aussi dans sa mère,
La majesté d'un rang si haut,
Le reste n'a qu'un seul défaut,
C'est qu'il est bon de le refaire.   (Bis.)

TAUNEY.

271. Trait de courage du jeune Toussaint Guillot, âgé de douze ans, qui, le 6 fructidor an 6, retira de la mer, où ils allaient se noyer, Jean-Marie Castel, âgé de onze ans, et Ival Masson, âgé de quatorze : cet évènement se passa à Pol-Léon, département du Finistère, ci-devant Bretagne.

Belle ordonnance, effet qui, sans être tourmenté, n'en est que plus heureux : ce tableau est rempli de beautés dans les détails, dans l'exécution et dans le coloris.

Air : Ce fut par la faut du sort.

Lisez le nom, voyez les traits
Du jeune héros de Bretagne.
A douze ans on ne vit jamais
Le courage qui l'accompagne ;
Il est juste qu'un vrai talent
Eternise à jamais sa gloire ;
Et, mourût-il dès à présent,
Il aura place dans l'histoire.

VASSARD (Auguste), *Elève du Citoyen Regnault.*

280. La mort de Jocaste.

Jocaste est beaucoup trop longue, et sa tête, quoique sans noblesse, est bien dans l'expression qui convient au sujet. Œdipe n'a point une attitude assez expressive : les deux filles sont dans l'abandon de la douleur, et contrastent parfaitement : le coloris, en général, n'est point assez vigoureux ; l'Hiérophante est détestable.

Air : *Si Pauline est dans l'indigence.*

L'artiste donne l'espérance
De primer un jour au salon ;
Mais certain air de négligence
Aux pointilleurs fait dire non :
Quant à moi ce qui m'épouvante
Pour le destin de ce tableau,
C'est cet affreux Hiérophante
Plus effrayant que le bourreau.

VANGORP.

285. Les portraits de Mme. Courtonner et de ses deux filles.

Figures à grands bras, jambes courtes, d'assez jolis détails.

Air : *C'est pourtoi que je les arrange.*

Ce portrait est une épigramme
Digne d'inspirer la fureur ;
Et si j'étais l'aimable dame,
Je voudrais en punir l'auteur.
Des bras longs au moins d'une toise
Ne seront jamais de beaux bras,
Et ses jambes droit à Pontoise
Pourraient atteindre d'un seul pas.

VANLOO CESAR.

291. Un incendie.

Tableau piquant par son effet et sa vérité.

Air : *Jusques dans la moindre chose.*

Le talent qu'en vous j'admire
Se déploye en cent façons,
Et jamais ma faible lyre
Ne produira tant de sons ;

Grands effets de la nature ,
Événement malheureux ,
Par votre docte peinture
Sont reproduits à nos yeux.

LE MÊME.

292. Un hiver. L'intérieur d'une cour d'au-
berge à la Novalaise.

Bon tableau.

Air : *Du Vaudeville d'Arlequin tout seul.*

César, dont parle tant l'histoire,
Détruisit tout dans mon pays ;
Le César moderne a la gloire
De l'orner de tableaux exquis ;
L'art, la nature et le génie
Ont guidé tes doctes pinceaux,
Ne crains ni le tems ni l'envie,
La gloire a soin de tes tableaux.

VINCENT (Louis), *Elève des Cit. Silvestre et Lagrenée.*

313. Une blanchisseuse qui, comme la reine
Nausicaa, blanchit son linge, mais seule
comme un loup.

Son pendant, même Nº. Une repasseuse avec
son chat.

Aussi mauvais que le précédent.

Air : *Bouton de Rose.*

Au blanchissage,
Maint Auteur porte ses écrits ;
Et si Vincent veut être sage,
Il portera ces deux croquis
Au blanchissage.

CRAMAIL (Théodore), *Elève de Regnault.*

711. Eponine et Sabinus découverts par des
soldats de Vespasien, etc.

Style sévère, grande incorrection dans
le dessin.

Air : *Avec les jeux dans le village.*

Sabinus, époux téméraire,
Seul il fallait braver le sort,
Par toi, ton épo se fut mère;
Deux fois, dans l'antre de la mort,
Ignorais-tu quelle existence
Pouvait t'offrir un souterrain ?
Il ne te restait que la chance
De savoir périr en Romain.　　　(*Bis.*)

Dix ans et d'opprobre et d'outrage,
N'ont pu fléchir ton empereur;
Tandis qu'un instant de courage
Eût fini tout avec honneur,
Ta honteuse et touchante histoire
Apprend à tes derniers neveux,
Que quand on renonce à la gloire,
On ne peut qu'être malheureux.　　　(*Bis,*)

LANGLOIS.

722. Un portrait de femme.

Très-bien peint, la robe blanche un peu
trop claire, ainsi que le lointain.

PEYTAVIN (Jean-Baptiste).

728. Archimède, sans se déranger de ses
opérations géométriques, est assassiné
par deux soldats.

Le soldat, vu par le dos, a les bras
trop sur la même ligne; le droit, qui tient
le glaive, est absolument faux par son
action.

Mlle. POTIER.

729. Une femme avec son enfant. Portrait.

L'attitude est froide ; on dirait que l'enfant sort de la cuisse de la femme.

Air : *Des Pendus.*

Or , venez voir , petits et grands ,
Un miracle des plus frappants :
On conserve , dans une armoire ,
Le tableau fait de cette histoire ;
De crainte d'effrayer les gens ,
Il n'en sortira de long-tems.

Une femme sur son séant ,
Quoique son mari fût absent ,
Souffroit, que c'étoit un supplice,
Et mit au monde , par la cuisse ,
Un enfant , si gras et si gros ,
Qu'on ne lui sentait pas les os.

Regardez plutôt s'il n'est pas sur le tableau au bout de mon archet.

QUEYLAR , *Elève de David.*

730. Danaé et son fils Persée, exposés et enchaînés , par ordre d'Acrisius , roi d'Argos, sur une planche, à la merci des flots.

Composition et dessin d'un grand style : les détails de la draperie blanche sont trop découpés ; ce qui nuit à l'harmonie générale.

Air : *Adam s'ennuyait dans le monde.*

Quelques défauts à la satyre
Donnent le droit de critiquer ;
Mais cet ouvrage offre à bien dire
Plus de beautés à remarquer :
On jase, on pince, on rit, on glose,
Et souvent à tort , à travers ,
Mais à l'aspect du Grandiose
L'éloge se glisse en mes vers.

GRAVURES.

CATHELIN (Louis-Jacques).

601. Portrait de Jean Jouvenet.

Burin sec et sans vigueur, qui fait regretter les Drevet, les Edelinks, qui auraient transmis dignement ses traits illustres aux siècles futurs.

Air : *Chantez, dansez amusez-vous.*

Ce que Boileau sur son portrait,
Nous a transmis de satyrique,
A celui de Jean Jouvenet,
En le ménageant bien s'applique ;
Qu'à fait Jouvenet à l'auteur,
Pour mériter ce dés'honneur ?

DESNOYERS (Auguste).

608. Les pénibles adieux, d'après le dessin d'Hilaire le Dru.

Cette belle estampe, en perpétuant les talens de son auteur, ne peut que faire honneur au burin du graveur habile qui le transmet à la postérité.

Air : *Si Pauline est dans l'indigence.*

Amis des arts, je vous invite
A venir reposer vos yeux.
Cœurs sensibles, accourez vîte
Pleurer sur ces touchans adieux.
L'heureux auteur de cet ouvrage
Réunit aux plus beaux talens
Tout ceque donne d'avantage,
L'expression des sentimens.

LOUIS (Jean-Baptiste), fils aîné, *Élève de son père.*

617. Les cinq Saints, d'après Raphaël.

Je ne conçois pas comment, avec un burin aussi sec, on peut avoir la hardiesse de graver un aussi beau tableau.

Air : Mon père était pot.

Les héritiers de Raphaël
Sont en grande colère,
Même cinq habitans du ciel,
Descendent sur la terre,
Et tous à grands cris,
Contre Jean-Louis,
Ils réclament vengeance
D'avoir à dessein,
Avec son burin,
Chargé leur ressemblance.

Ce n'est pas pour dire, mais ce n'est pas pour des yeux que l'on travaille de la sorte ; et je crois que c'est une gageure.

Un sujet tiré de l'Apocalypse, par Benjamin West, président de l'académie royale de Peinture et Sculpture de Londres, composition effrayante, coloris gris, et pas tout-à-fait assez noir pour un Anglais nouvellement débarqué en France.

Air : Éveillez-vous, belle endormie.

Votre royale académie
Est-elle celle d'Apollon ?
Y baille-t-on de compagnie,
Comme on fait souvent au Salon ?

B

Air : *Non , non , Doris ne pense pas.*

Non , non , Messieurs , ne pensez pas
Qu'il suffit d'avoir du génie ;
Le goût donne aux arts des appas ,
Qu'ils n'ont pas dans votre patrie ;
Hamlet , chez vous , tant admiré ,
En France ne saurait se lire ;
Le goût ne l'a pas inspiré ,
Et rien ne plaît s'il ne l'inspire.

Air : *du Prévôt des Marchands.*

Votre ouvrage n'offre , en un mot ,
Que des figures de Calot.
Cette effrayante allégorie ,
Peinte d'un ton trop indécis
Froide et bisarre , sans génie ,
N'a point de mérite à Paris.

CONCLUSION.

Air : *Si vous aimez la danse.*

J'ai parcouru la salle ,
Au milieu des censeurs ,
Je vois avec scandale ,
Bien des faux connaisseurs ;
Comme à la comédie ,
Ils n'aiment que l'effet ,
On quitte Iphygénie ,
Par goût pour Nicolet ,　　　(Bis.)

Air : *Je ne suis qu'une Bergère.*

Pour l'amateur il est triste
De voir profaner les arts ,
Et le public et l'artiste
Se doivent certains égards ;

Critiquer à toute outrance,
Est d'un méchant ou d'un sot,
Compter trop sur l'indulgence,
D'un impudent est le lot.

Air : *On compterait les Diamans.*

D'après un rapide apperçu,
Je n'ai pu, ni tout, ni bien dire;
Plus d'un bon tableau que j'ai vu,
Veut qu'on l'examine sans rire;
Sur certains autres, je me tais,
Surpris que l'on ai eu l'audace
D'exposer des morceaux si laids,
Et qu'ils puissent rester en place.

Au reste, il ne me semble ni juste, ni
décent de faire jouter ensemble des artistes
de force inégale.

Air : *Peut-on goûter quelques repos.*

Veut-on s'assurer des progrès,
Cultiver les talens, les graces,
Qu'aux artistes des hautes classes;
Au Muséum on donne accès :
Ceux auxquels moins d'expérience
Doit faire espérer moins d'honneur,
Autre par,t à moins de rigueur,
Exposeront leur patience.   (Bis.)

Par ce moyen, chacun trouvera son compte,
mais aussi;

Air : *De l'amour et du tems.*

Les paresseux, les imbéciles
Seront l'objet de vos mépris,
Et leurs productions futiles
N'auront point de place à Paris.   (Bis

Les arts sont libres ; je l'avoue,
Mais il n'en faut pas abuser ;
Un faiseur de croutes nous joue,
Que sert de le favoriser ?

Il n'est donc pas étonnant que nous ayons du très-bon, du médiocre et du détestable ; c'est pourquoi il m'est échappé tantôt des critiques, tantôt des éloges ; et si j'avais écouté certain caustique, j'aurais été bien plus méchant.

Air : *Du petit mot pour rire.*

Quand une croute m'a frappé,
Par-ci par-là je l'ai drapé
Sans cependant tout dire ;
A l'aspect d'un tableau manqué
J'aime qu'il lui soit appliqué
Le petit mot (*ter*) pour rire.

J'entends quelqu'un qui dit avec une sorte d'humeur : Que dans une critique on ne devrait trouver aucun éloge, et que j'en ai donné quelque peu. — Voilà qui est fort bien ; mais,

Air : *J'ai vu Lise hier au soir.*

La critique ne doit pas
Etre la satyre,
Ni savoir en aucun cas
Flatter ni médire ;
C'est un examen prudent
Qui permet un coup de dent,
Sans exclure un compliment,
Ou le mot pour rire.

Adieu, messieurs, je viens de morigéner les artistes ; je vais, de ce pas, gouverner l'Europe dans un café.

De l'Imprimerie de LABARRE, rue Saint-Jacques-la-Boucherie, N°. 6.

www.ingramcontent.com/pod-product-compliance
Lightning Source LLC
Chambersburg PA
CBHW030120230526
45469CB00005B/1726